I0122862

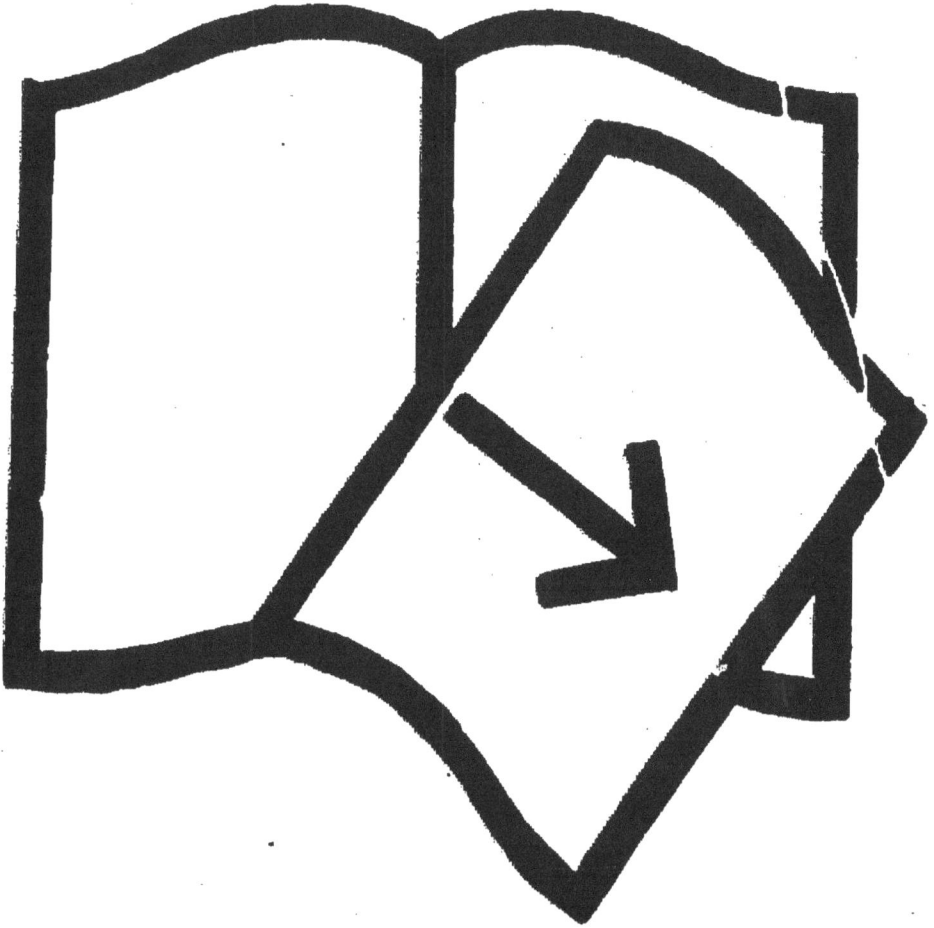

Couvertures supérieure et inférieure
manquantes

ACADÉMIE DE CLERMONT-FERRAND

PRIX DE MILLE FRANCS

INSTITUÉ

Par Son Exc. M. le Ministre de l'Instruction publique

CONCOURS DE 1869

RAPPORT

DE

M. DESDEVISES DU DEZERT

Professeur d'histoire à la Faculté des lettres

CLERMONT-FERRAND

TYPOGRAPHIE MONT-LOUIS, LIBRAIRE

RUE BARBANÇON, 2

1870

ACADÉMIE DE CLERMONT-FERRAND

PRIX DE MILLE FRANCS

(Concours de 1869)

RAPPORT

de

M. DESDEVISES DU DEZERT

Professeur d'histoire à la Faculté des lettres.

Monsieur le Recteur,

Messieurs,

Un ministre ami des lettres, qui laissera dans l'Université un long et sympathique souvenir, a, dans son rapport à l'Empereur du 15 novembre 1868, proposé la fondation, dans chaque Académie, d'un prix de 1,000 francs, qui serait décerné au mémoire ou à l'ouvrage jugé le meilleur sur quelque point d'archéologie, d'histoire politique ou littéraire, ou de science, intéressant les provinces comprises dans le ressort académique. Les Commissions appelées à décerner les prix devaient être formées en majorité par les présidents ou les membres des

Sociétés savantes de l'Académie. L'auteur de la *Vie de César*, qui a voulu vérifier par lui-même dans cette vaillante province plus d'une page de ses patientes études, ne pouvait manquer d'accueillir des vues aussi libérales ; un décret impérial du 30 mars 1869 a réalisé le projet ministériel, et convié aux luttes pacifiques de la science les érudits des quatre-vingt-neuf départements.

En conséquence, une Commission a été instituée au chef-lieu de l'Académie de Clermont, sous la présidence de M. le Recteur, correspondant de l'Institut. Elle comprenait, outre M. le Recteur, président :

1° Huit membres nommés par les Sociétés savantes du ressort ;

Au nom de l'Académie des sciences, belles-lettres et arts de Clermont :

M. ROUFFY, président du tribunal civil de Clermont, président de l'Académie ;

M. GRELLET-DUMAZEAU, président de chambre à la Cour impériale de Riom ;

Au nom de la Société d'émulation du département de l'Allier :

M. ESMONNOT, président de la Société ;

M. le marquis DE MONTLAUR, vice-président du Conseil général de l'Allier.

Au nom de la Société d'agriculture, sciences, arts et commerce du Puy ;

M. VINAY, maire de la ville du Puy ;

M. Aimé GIRON, vice-secrétaire de la Société.

Au nom de la Société des sciences naturelles et archéologiques de la Creuse :

M. DE CESSAC, président de la Société ;

M. le docteur CHAUSSAT, membre du Conseil d'administration de la Société ;

2° Cinq membres nommés par Son Excellence M. le Ministre de l'Instruction publique :

MM. BARET, Doyen de la Faculté des lettres de Clermont;
    DESDEVISES DU DEZERT, professeur d'histoire à ladite Faculté;
    MILLET, professeur de philosophie au Lycée de Clermont, docteur ès-lettres;
    LACOMBE, archiviste du département, à Tulle;
    CROSSON, inspecteur d'Académie en résidence à Clermont, faisant fonctions de secrétaire du jury.

Les intentions de M. le Ministre ont été exactement remplies, et de tous les points du ressort académique on a répondu à l'appel de Son Excellence avec un empressement qui est le meilleur éloge de l'institution. Dix personnes ont concouru, dont trois pour plusieurs ouvrages. Après plusieurs séances consacrées à l'examen approfondi des travaux, la Commission m'a fait l'honneur de me choisir pour son rapporteur, et c'est en cette qualité, Messieurs, que je vais vous faire connaître les résultats de cette brillante épreuve historique et littéraire.

Étienne MÈGE, bourgeois du Puy, selon la coutume des hommes de la Renaissance, a traduit son nom en celui de *Médicis*, qui a en latin la même signification que MÈGE en patois. Sa *Chronique*, publiée par la Société académique du Puy, figure en tête des ouvrages soumis à notre examen. Tout d'abord elle nous entretient de l'église du Puy et de ses évêques, de sa vénérable antiquité, de la vaste étendue de sa juridiction, de son trésor, rempli des reliques les plus riches et les plus curieuses. L'art du moyen âge est largement représenté dans cet

inventaire, auquel l'éditeur a ajouté d'utiles complé-
ments, et qui, malgré sa longueur, est demeuré proba-
blement fort au-dessous de la vérité. *Les Pardons*,
fêtes religieuses du pays, attiraient au Puy une foule
de pèlerins; l'église en profitait pour étaler ses mer-
veilles, et cueillir d'abondantes aumônes. Les marchands
y affluaient de Paris, de Lyon et de Limoges, et y
avaient des boutiques à grand loyer et de bonnes
denrées; leur commerce était protégé efficacement par
une police active, et par une justice souvent sommaire
dans ses répressions.

L'aspect du Puy est des plus curieux; c'est une des
villes de France qui ont le mieux conservé leur caractère
original. Nous y trouvons *le Rocher Corneille*, où résidait
un ermite avec la permission du Chapitre; l'*Aiguille
St-Michel*; le *Saut de la Pucelle*, où une vierge périt
victime de sa présomption; la *Place du Martouret*,
théâtre de nombreuses exécutions; le *Monastère des
dévotes Colombettes de Ste-Claire*, beaucoup de places et
d'anciennes rues qui ont gardé leurs noms et la physio-
nomie du passé. Quoique la ville n'ait jamais été, on le
croit du moins, plus considérable que de nos jours, son
organisation municipale est très-forte; ses consuls sont
des personnages qui ne plaisantent pas sur leur dignité.
Ils ont leur maison de ville, leurs archives, leur livre
officiel, où sont inscrits les noms et surnoms des gens
de bien qui ont servi à la chose publique; leur justice,
leurs officiers, leurs troupes municipales, leur artillerie,
leurs arquebuses, achetées à St-Etienne, leur droit de
se taxer, leurs branches de revenus, leur receveur, leurs
comptes de dépense, leur garde municipale, établie par
îlots ou quartiers. Ils luttent les armes à la main
contre leurs oppresseurs, clercs ou laïques, et ne sont pas
moins fermes contre les clercs que contre les routiers.

des grandes Compagnies. Ils ne s'épargnent pas quand il s'agit du service du Roi ; ils réparent leurs murailles à leurs frais, les couvrent de canons, et, quoiqu'ils soient accablés d'énormes subsides, qui dépassent quelquefois douze tailles dans les douze mois, qu'ils soient assujettis à de lourdes corvées, et qu'ils soient obligés pour l'entretien des armées ou la protection des côtes de conduire leurs charrois jusqu'aux portes de Narbonne ou d'Aigues-Mortes, ils trouvent encore le moyen d'emprunter pour le Roi, et ils donnent en nantissement leurs propres biens.

Extrêmement prudents, ils estiment que c'est une belle chose de garder la liberté du peuple, et ils préfèrent laisser subsister quelques abus que de se laisser imposer par l'évêque ou par le Roi des charges de dommageuse conséquence. Lorsque le droit succède à la force, ils soutiennent à grand coûtage de deniers des procès à Paris devant le Conseil du Roi, à Beaucaire devant le Sénéchal, à Toulouse devant le Parlement, partout où les appelle leur honneur ou leur intérêt. Ils ont à la Cour des délégués qu'ils entretiennent ; ils se rendent à Toulouse comme parties ou comme témoins ; ils ont leurs fêtes municipales, leurs assemblées, leurs délibérations, leurs décrets ; ils comprennent avec un instinct merveilleux toutes les grandes questions de bonne administration, de voirie, d'approvisionnement, d'économie, de police et d'ordre public, et tous vivent paisiblement, chacun dans sa chaumière, sous la garde vigilante des magistrats qu'ils ont élus.

C'est surtout dans les circonstances importantes, dans les jours de joie ou de deuil national, que les habitants font éclater leur magnificence et leur grand cœur. Seuls au milieu de la province, sans autre richesse que leur industrie, ou un modique héritage paternel, les héroïques bourgeois de cette petite ville suffisent à toutes

les épreuves, et ce sont eux vraiment qui représentent
la patrie. Dans les descriptions si minutieuses et si
utiles où il fait revivre le passé, Etienne Médicis nous
fait assister à la réception des Rois et des princes, à
leurs funérailles, et passe longuement en revue les
corporations et les hommes de tous métiers, défilant
sur les places publiques, ayant à leur tête la bannière
de leur saint, leur titre et leur tambourin; dans les
grandes circonstances, l'Auvergne prête au Puy ses
clairons. On demeure confondu devant l'activité de
cette vie municipale, devant cette organisation com-
pacte, régulière, plus capable peut-être de résistance au
jour de l'épreuve que notre vie industrielle d'aujour-
d'hui, si personnelle et si affairée: on se croirait à
Bruges ou à Louvain.

Le commerce est lucratif, mais il engendre le luxe,
qui corrompt rapidement les mœurs. Les hommes ont
des chausses difformes, bouffies, hydropiques, farcies
d'étoupes; les femmes des bourgeois portent un vertu-
gadin seigneurial qui dépasse leur état, prodiguent la
soie et la fourrure comme les femmes de qualité, et,
selon Etienne Médicis, ce débordement, qui entache la
cité, n'est pas preuve de sens rassis. Hélas! que dirait-il
donc, s'il vivait aujourd'hui!

Dans les dernières années, Etienne Médicis s'élève avec
force contre le progrès du protestantisme; il confond
Luther avec Calvin, qu'il ne nomme pas, l'alchimie avec
l'hérésie. Il fait cet aveu remarquable que dans le peuple
les trois quarts sont attachés aux opinions nouvelles, et
parmi eux des chanoines et des clercs. Depuis 1525 jusqu'en 1560, la place du Martoret vit périr par le feu
plus d'un hérétique. Mais il ne faut pas oublier qu'il
y a dans la huguenoterie des habitants plus d'avidité
que de conviction; sous le manteau de la religion s'abri-

tent alors les plus mauvaises passions, comme plus tard elles se pareront du nom de la liberté, et les huguenots du Puy disent avec une brutale franchise à leurs frères du Velay : « Venez hardiment, car ici ne sont gens pour vous faire résistance, et vous pouvez vous faire tous riches. » La ville doit à sa fermeté et au bon état de ses remparts d'échapper au pillage. Étienne Médicis s'élève avec raison contre les hommes lâches ou perfides qui font subir à leur ville natale cette épreuve dangereuse; il cite leurs noms, et les voue au mépris de leurs concitoyens. Ainsi se poursuit à travers les siècles l'éternelle tragédie humaine, le duel de ceux qui possèdent contre ceux qui n'ont rien, duel redoutable, qui exclut les abstentions, les désertions, les absences calculées, qui répudie la lâcheté sous tous ses déguisements, et qui commande aux gens honnêtes d'être toujours vigilants, toujours debout, comme les bourgeois du Puy.

La langue d'Étienne Médicis est imagée, énergique, libre dans ses allures; elle donne fidèlement la couleur de son temps. Étienne, à proprement parler, n'est pas un écrivain; chez lui on ne trouve presque pas de morceaux de longue haleine, propres à servir de modèle, et qu'on puisse citer dans leur entier. L'occasion l'inspire; il exprime vivement sa pensée, et c'est plutôt par une série de traits frappants qu'il se révèle que par un style suivi. Cependant, même à ce point de vue, son ouvrage est une mine des plus riches, et parmi les auteurs de chroniques et journaux de la langue d'oïl, il y a peu d'hommes supérieurs à cet homme du midi. Sa patience ne se dément pas un seul moment pendant plus de quarante ans; son talent grandit avec l'âge, et il a dans les dernières pages de son œuvre plus de spontanéité, une personnalité plus tranchée. Il partage toutes les passions de sa ville natale; il en épouse toutes les querelles, et meurt sur le champ de bataille, la plume à la main.

Le savant éditeur d'Étienne Médicis, M. Augustin Chassaing, juge au tribunal du Puy, a été aussi sobre d'intervention personnelle que le lui permettaient les besoins de la science, et il faut l'en louer, car le rôle d'un éditeur n'est pas de se substituer à son auteur, mais de l'élucider, et d'en relever le mérite. Cependant il ne s'est pas tellement dérobé à nos regards que nous ne puissions mettre en lumière tout ce qu'il y a d'érudition, de sagacité et de bon sens sous cette enveloppe de modestie. Outre les connaissances générales étendues que suppose une aussi vaste publication, l'éditeur possède à fond la topographie et la géographie ancienne et féodale du pays, comparées avec l'état actuel; il a mis à contribution la paléographie, la philologie, la numismatique féodale, le blason, les chartes et titres dans la province et à Paris même, les archives départementales et municipales, les monuments de l'histoire locale, le patois du Velay, soumettant toutes choses sur sa route aux règles de la critique la plus sévère. Il a reproduit utilement dans son beau volume les armoiries de la ville du Puy, plusieurs tombeaux des premiers siècles, des sceaux, des jetons, des inscriptions, des enseignes, l'image de la célèbre Vierge noire, et il a été aidé dans ses reproductions par les hommes les plus compétents et les plus estimés du pays, qui ont mis leurs collections ou leur influence à sa disposition.

Rien n'a été négligé par lui pour que la publication fût digne de la Société qui la patronnait; manuscrits, archives, trésors des villes et des églises, histoires locales et provinciales, chroniques du moyen âge, collections de titres, glossaires, il a tout compulsé, dans le but éminemment louable d'éclairer son texte et de le rendre

accessible à tous les lecteurs. Il a interrogé quatre-vingts
auteurs de tout ordre, dont beaucoup sont rares, quel-
ques-uns presque introuvables, d'autres difficiles, d'autres très-volumineux. Enfin ses notes, si claires, si
précieuses, principalement pour les chartes locales, la géographie féodale, l'histoire de l'art au moyen âge et la
généalogie, si elles étaient réunies, ne formeraient pas,
avec les documents très-importants qui y sont joints,
moins de trente-cinq à quarante pages in-quarto, c'est-
à-dire un bon et solide mémoire, des plus amples et des
plus curieux ; il a fait revivre Etienne Médicis.

Ainsi la part de M. Chassaing est largement suffi-
sante ; plus considérable, elle eût été excessive. Elle ne
dépasse pas les devoirs d'un bon éditeur, mais elle les
remplit exactement, et la Commission, frappée à bon
droit de son mérite, lui a décerné le premier rang à
l'unanimité.

M. Chazaud, de la Société d'émulation de l'Allier, a
envoyé une étude très-nette et très-érudite sur *les
villes franches du Bourbonnais du XI* au XV* siècle.*
Dans toute la province, les chartes et coutum. s accordées
stipulent uniformément la liberté civile pour les personnes et les propriétés, la protection pour les bourgeois,
des taxes et redevances pécuniaires dans l'intérêt du
seigneur. Point de droits politiques comme dans les villes
du Nord : ici, ils sont inutiles ; le plus souvent, il n'y a
ni consuls ni échevins : on se défend, voilà tout. Mais
comme, selon le langage de Louis II, duc de Bourbon,
« les priviléges, franchises et prérogatives sont les na-
turels et principaux biens, et commencements de toutes
policies, cités, villes et yconomies, » on comprend de
quelle importance est l'étude de ces monuments pour la
formation si complexe et si lente de la société française.

Partout dans le Bourbonnais, on retrouve l'imitation des coutumes plus anciennes de Lorris et d'Orléans. Le sire de Bourbon imite le roi; il conserve sur les serfs qu'il affranchit les droits réservés par le roi dans ses domaines, et les chartes de Souvigny, de Bourbon-l'Archambault, de Villefranche-de-Montcenoux, très-analogues aux coutumes de Lorris, ont elles-mêmes engendré toutes les autres. La taxe du droit de bourgeoisie est modérée : elle varie à peu près partout de six sous à dix-huit deniers par tête, selon la fortune de chacun. L'uniformité n'est pas telle, qu'il n'y ait quelquefois des différences, même assez curieuses. Ainsi à Montluçon, les juifs achètent fort cher le droit de séjour pour dix ans, et demeurent toujours sous la dépendance du seigneur. A Villefranche-de-Montcenoux, le bourgeois peut impunément tuer le voleur pris en flagrant délit, ou l'homme qu'il rencontre dans son logis, après lui en avoir défendu l'entrée; au XIIe siècle, il y a des courses de chevaux à Villefranche : le vainqueur touche un marc d'argent; il y a cinq sous pour le second, et malgré la valeur du sou d'argent, très-supérieure au sou de nos jours, il ne s'est jamais vu peut-être un aussi pauvre prix de consolation.

Les droits gardés par les seigneurs, même dans les villes franches, sont énormes et nombreux; c'est la cense annuelle, parfois très-lourde, et dont quatre prud'hommes élus font la répartition et la lève; le droit de préemption ou de préférence, si l'on vend son bien pour changer de résidence, et, en tout cas, le droit de mutation; les droits d'ost et de charroi, de chevauchée dans les limites du duché; la corvée sous toutes les formes, un jour sur quinze, à condition de pouvoir rentrer chez soi chaque soir; le droit de gîte; le droit de four, qui s'élève quelquefois au quatorzième du pain cuit. Le droit de moulin;

l'aide sur le blé et le sel vendus ; marché; le droit de
créance, qui consiste en un crédit de quarante jours, ou
même de quatre mois; les droits de suite, de formariage,
de monnaie, de poids et mesures ; la taille aux quatre
cas féodaux de mariage, de chevalerie, de croisade et de
rançon ; les amendes et peines corporelles pour délits de
toute sorte. Je ne cite que ceux indiqués par l'auteur, et
qui rentrent dans son sujet; il y en avait beaucoup d'autres.
A ces réserves près, le bourgeois est libre. Je me trompe;
il doit encore la dime de toutes ses récoltes. Au xive siècle
tous ces droits existent dans toutes les villes, et les bourgeois n'en sont exempts que si leur charte locale l'a
expressément stipulé.

En 1500, il y avait dans le Bourbonnais sept villes qui
devaient au duc de Bourbon leurs priviléges: Souvigny,
Bourbon-l'Archambault, Villefranche-de-Montcenoux,
Moulins, Gannat, Charroux et Montluçon. Treize villes
jouissaient du partage établi de commun accord entre le
roi ou les seigneurs d'une part, et l'autorité ecclésiastique de l'autre; c'étaient Saint-Pierre-le-Moutier, Va-
ligny, Cencoins, Cusset, Escurolles, Saint-Menoux,
le Breuil, Limoise, Saint-Léopardin, Bellefaye, Poligny,
Saint-Didier, Gensas. Quatre villes avaient d'importantes
franchises, de date toute récente; Villeneuve-le-Duc,
Hérisson, Cosne et Chantelle. C'est un total de vingt-
quatre localités pour une province qui équivaut à peine
à un département. Beaucoup d'autres chartes pouvaient
exister dont aujourd'hui la trace est perdue : cela témoi-
gne d'un réveil véritable et d'une grande vitalité.

M. Chazaud signale avec raison aux derniers temps
la tendance des serfs à s'établir dans les villes pour
échapper à la taille, et surtout à l'arbitraire, tandis
que les seigneurs, mus par leur intérêt, essaient de les
retenir dans les campagnes. Les villes deviennent plus

peuplées et plus nombreuses : plus il y en a, moins il y a d'opprimés. Le bourgeois, quoique très-chargé, est libre de sa personne, maitre des siens et de son industrie, protégé, beaucoup plus heureux que le serf, qui reste attaché à la glèbe, et partout, comme dans le Bourbonnais, les villes franches sont des centres d'émancipation.

L'auteur de ce travail, d'un ordre supérieur, est un des écrivains les plus distingués de l'école historique dont les Bénédictins sont les fondateurs, et que MM. Guérard et Léopold Delisle continuent avec tant d'éclat. Il a pour chaque ville et chaque bourg affranchi déterminé avec précision et d'une manière irréfragable la date et les conditions de l'affranchissement, rattaché par d'utiles rapprochements le mouvement particulier du Bourbonnais au mouvement général du royaume, et expliqué dans une ferme conclusion la transition du vilain à l'homme franc et au bourgeois, transition qui fait pressentir l'avènement du tiers-état. Ses matériaux sont puisés aux sources les meilleures et les plus sûres ; son style, simple et élégant, rappelle celui de ses maitres ; sa méthode est irréprochable, et digne du lauréat applaudi par la Sorbonne en 1867. Néanmoins son étude, essentiellement locale et circonscrite, est loin d'avoir pour l'histoire générale la richesse et la portée du travail de M. Chassaing ; c'est pour cela que la Commission l'a placée au second rang, mais dans les conditions les plus honorables pour l'ouvrage et pour son auteur.

L'*Histoire de saint Sidoine Apollinaire et de son siècle*, par M. l'abbé Chaix, est une œuvre considérable, pleine de recherches consciencieuses, et qui suppose une immense lecture. On y désirerait peut-être quelquefois un peu plus de méthode, une critique un peu plus rigou-

reuse, et, soit que l'auteur voulût peindre la physio-
nomie de la province des Gaules à l'époque de l'invasion
des Barbares, soit qu'il eût surtout pour but de faire
ressortir les talents de Sidoine comme poëte, ou ses vertus
comme évêque, son œuvre eût gagné sans doute à être
réduite dans ses proportions. On sent qu'il y a partout
deux sujets juxtaposés, qui se nuisent mutuellement,
diminuent l'intérêt, et altèrent l'unité. Quelques points
auraient pu être envisagés autrement ; l'auteur l'a
senti lui-même, quand dans sa préface il s'est retranché
derrière ses sentiments personnels, et ses convictions
historiques et religieuses. C'était, il faut le dire, une
tâche ardue, très-délicate, et il y avait dans la position
particulière de l'écrivain des exigences qu'il est juste de
respecter. Aussi, sans insister davantage, reconnaissons
plutôt tout ce qu'il a fallu de patience et d'érudition
pour remplir un pareil cadre. M. l'abbé Cnaix nous ins-
truit ; il connait à fond les sources qu'il a consultées, et
à ce titre, il a partagé avec les deux ouvrages précé-
dents l'attention des membres de la Commission. Faire
revivre une des époques les plus agitées de notre histoire, donner à la ville de Clermont la biographie complète d'un de ses plus illustres évêques, c'est faire une
œuvre utile, mériter l'estime des savants et les suffrages de ses compatriotes.

M. Francisque Mège a soumis à notre examen plusieurs opuscules, dont le plus considérable traite de l'Assemblée provinciale dans la basse Auvergne. L'auteur,
très-instruit et très-judicieux, donne des détails très-inté-
ressants sur les principales familles de la noblesse et de
la bourgeoisie, et sur le caractère de quelques hommes
publics qui ont joué dans les dernières années de la monar-
chie absolue un rôle important. Il nous fait bien compren-

dre la misère du pays, surchargé d'impôts, livré à l'arbitraire et à l'avidité des collecteurs ; la conduite inconsé-
quente des gentilshommes, qui auraient volontiers adopté
toutes les réformes, s'ils n'y avaient rien perdu ; le mé-
contentement du clergé des paroisses, exploité par les
bénéficiers et par le clergé régulier. Il nous montre la
plaie des privilégiés chaque jour s'élargissant, certaine
charge, par des ventes simulées, anoblissant en vingt
ans quatre-vingts chefs de famille, et, pièces en main,
sans phrases, avec des faits et des noms propres, il ré-
tablit, pour notre enseignement à tous, l'instructif tableau
des abus du passé. L'Assemblée provinciale connaissait le
mal ; elle eut le courage de le révéler, et résista même
au roi. Elle prouva que dans certaines paroisses les impôts de toute sorte atteignaient la proportion de qua-
torze sous par livre, dans d'autres jusqu'à dix-sept sous ;
que les douanes des provinces voisines tenaient le commerce de l'Auvergne en état de blocus ; que dans le trajet
d'Issoire à Paris, par l'Allier, la Loire, le canal de Briare,
le Loing et la Seine, le vin, en droits et exactions de toutes
sortes, payait quatre fois son prix. Comment s'étonner,
après de tels exemples, de l'accueil fait par le peuple à
la révolution !

Nous suivons encore avec intérêt M. Mège dans ses
notions sur le marquis de Laqueuille, ce royaliste obs-
tiné ; nous applaudissons aux efforts éclairés de quelques
membres intelligents de la noblesse, comme le vicomte
de Beaune, le marquis de la Fayette, le comte de Mascon ;
au zèle intrépide de l'abbé Mathias ; au patriotisme du
rebouteur Heyraud, à qui la cour refuse des lettres de
noblesse, et qui s'en venge chaque jour en nourrissant et
en guérissant gratuitement les malheureux. Nous aimons
l'esprit laborieux de Gaultier de Biauzat, la sagesse de
Huguet, son collègue à l'Assemblée constituante, et son

collaborateur au *Journal des Débats* ; enfin nous louons
les efforts de Boyer dans sa fonderie de Lassaigne, où
pendant cinq ans, sans instruction et presque sans argent, il fabrique des canons, des armes et des muni-
tions de toute espèce ; nous enregistrons à Thiers l'activité industrielle de Courby-Joubert ; à Saint-André,
celle de Meynadier. Les publications de M. Francisque
Mège ne sont sans doute que des documents, mais ce sont
des documents d'un grand intérêt ; elles rendent un véritable service à l'histoire locale, et au pays tout entier.

Le xvi⁰ siècle n'est pas seulement une des époques les
plus brillantes de l'esprit humain ; c'est encore une des
plus fécondes, une de celles qui ont exercé sur les époques suivantes l'action la plus tranchée. M. Siguier,
professeur de littérature française à la Faculté des Lettres, a présenté une *étude sur les prosateurs les plus
célèbres de cette grande époque*, Rabelais, Calvin, Charron, Montaigne et la Boétie, qui résument complètement
par un choix heureux ses tendances et ses aspirations.
Une biographie sommaire, écrite avec une concision
sévère et une classique élégance, nous initie à leur édu-
cation et à leur caractère. Il ne faut pas chercher ici une
analyse suivie, ou quelque détail banal ; l'auteur vise
plus haut, et cherche la part de chacun dans l'œuvre
accomplie par tous, c'est-à-dire dans les progrès de la
civilisation.

C'est ainsi que par des textes courts, formels, parfaitement choisis, M. Siguier nous montre dans Rabelais,
si léger, si railleur, souvent si trivial, les idées les plus
justes et les plus élevées sur la providence de Dieu, sur
l'âme immortelle, le respect des puissances et de l'ordre
établi. Calvin n'est plus seulement le théologien farouche,
haineux et persécuteur ; c'est avant tout l'homme con-

vaincu, austère, inflexible dans ses opinions comme
dans sa conduite, parlant de la divinité avec la puissante
logique qu'on retrouvera dans Bossuet, prêchant la subor-
dination et le respect de la loi. Les passions du sectaire
sont l'accident, la part faite aux faiblesses humaines; ce
qui doit frapper dans Calvin, c'est cette voix grave, sérieuse, qui rappelle courageusement à leur devoir les
princes comme leurs sujets. Calvin apporte dans les
querelles religieuses le génie âpre de Richelieu, et il a
exercé par sa vie et par ses écrits une influence considérable sur l'Europe entière.

Charron, moraliste rationaliste, continue à certains
égards les philosophes de l'antiquité: il se retrouve dans
ceux du XVIIIe siècle; mais le *Livre des Trois Vérités* le
peint mieux encore que le *Livre de la Sagesse*, et cet
homme si hardi meurt dans la foi de l'Eglise. Le doute
de Montaigne est déjà celui de Descartes: il ne s'applique
pas aux idées religieuses, mais aux efforts de la raison
humaine, si souvent convaincue d'impuissance, et il naît
du dégoût qu'inspirent à Montaigne les hommes et les
choses de son temps. S'il prêche la tolérance, comme de
Thou, comme le chancelier de Lhopital, ce n'est pas
qu'il soit indifférent, mais par esprit de modération et
d'équité. Ceux qui l'estiment trop faible ou pusillanime
trouveront son correctif dans son ami la Boétie, qui
vécut avec lui dans une grande communauté de pen-
sées, et dont le langage fier et hautain surpasse celui
des plus audacieux. Dans ce siècle gâté des Valois, si
riche en scandales, la voix de la Boétie retentit comme
un clairon aigu qui trouble les vivants, et prélude deux
siècles à l'avance à la révolution de 1789 : le *Contr'un* a
engendré le *Contrat social*.

Je ne puis mieux faire comprendre la haute portée
morale et politique de l'étude de M. Siguier, qu'en em-

pruntant un moment le langage de l'auteur. « Dans tous
les prosateurs que nous venons d'étudier, dit-il, il y
a deux hommes, l'un qui détruit l'esprit du moyen
âge, l'autre qui tend à donner des principes nouveaux au
nom de la raison et de la liberté. Ils ont déterminé deux
grands courants d'idées en sens inverse, l'un contre le
passé et ses abus, l'autre vers un avenir meilleur et plus
parfait. Le peuple avide d'améliorations, a surtout suivi
le premier de ces courants : depuis trois siècles on se bat
contre le moyen âge, et il inspire encore tant de dé-
fiance que l'on continue de prendre contre lui les plus
grandes précautions. Mais c'est être faible que toujours
nier et toujours détruire : c'est être fort que d'édifier.
Les grands prosateurs du xvi° siècle ont aidé à renver-
ser : pourquoi ne se servirait-on pas d'eux pour rebâtir,
pour affirmer les grands principes d'ordre public, qu'ils
n'ont jamais méconnus, qu'ils ont au contraire toujours
respectés, toujours soigneusement conservés? » Un élo-
quent appel à la conciliation sur le terrain du chris-
tianisme termine ce substantiel mémoire. Quelque juge-
ment qu'on porte sur le fonds même des idées, on n'en
saurait contester ni l'enchaînement ni la grandeur.

L'ouvrage de M. Siguier a deux grands défauts : il a
été improvisé en deux mois au milieu d'occupations
d'un autre ordre, quand déjà la plupart des autres
ouvrages étaient prêts, et il n'est pas dans les conditions
du concours. Mais il est utile, sérieux, opportun et
essentiellement moral. La Commission l'a jugé digne
de ses éloges, et j'obéis à son désir en priant mon
honorable collègue d'en activer la publication.

M. Tixier, membre correspondant de l'Académie de
Clermont et de la Société d'émulation de l'Allier, est
auteur d'un *Lexique comparé du patois bourbonnais*.

entrepris avec complaisance, longuement et patiemment
élaboré, susceptible de fournir à la langue française des
renseignements précieux. Le patois est bien étudié, la
nomenclature est exacte, complète, intéressante. Mais la
partie étymologique, où sans doute l'auteur n'a vu que
de simples rapprochements, pèche infiniment par la science
et par la méthode. L'auteur demande trop souvent au cel-
tique et même à l'ibérien, qui jamais n'a remonté si
haut vers le Nord, la racine de mots empruntés évi-
demment à l'idiome vulgaire parlé dans les Gaules
depuis la conquête, c'est-à-dire au latin corrompu des
derniers temps de l'empire, ou même des siècles du
moyen âge. L'opinion des hommes les plus versés dans
l'étude des dialectes du Midi est tout à fait contraire à
ce mode de procéder, que repoussent également les
règles bien connues de l'analogie dans la formation des
mots. Sous le bénéfice de cette réserve, qui est très-
importante, la Commission se plaît à reconnaitre tout
ce qu'il y a d'estimable et d'utile dans l'œuvre de
M. Tixier, et elle est heureuse de lui donner de sa sym-
pathie un témoignage public.

La Commission s'est encore occupée de sept ouvrages,
inférieurs sans doute, mais qui ne sont pas dépourvus
de toute espèce de mérite.

Le numéro Ier est une *Notice sur le P. de Lingendes*,
de la Compagnie de Jésus. En dehors des détails de
pure biographie, de quelques réflexions judicieuses et
de quelques transitions bien ménagées, cette notice ne
renferme que des extraits peut-être trop étendus des
homélies de cet auteur estimé. Ce n'est ni une œuvre
historique, ni une œuvre littéraire, mais seulement un
pieux effort en faveur d'un nom qui semble trop oublié.

La *Notice sur les poëtes du Bourbonnais*, qui porte le n° 2, a le même caractère : on ne saurait faire revivre les morts, et si l'auteur échoue dans son entreprise, c'est moins sa faute que celle de son sujet.

Le numéro 3 est un *Essai sur les guerres de religion dans le Bourbonnais*, et il est du même écrivain. Continué jusqu'au temps de la Fronde, il offre un ensemble satisfaisant de faits exacts; et l'auteur qui a beaucoup lu, n'a omis à peu près rien de ce qui pouvait entrer dans son cadre. Mais il ne remplit aucunement la tâche imposée de nos jours à tout historien sérieux; il ne consulte point les véritables sources, et ne cite nulle part les archives, les histoires originales, les chroniques contemporaines; ni de Thou, ni d'Aubigné, ni Davila. Il se contente presque toujours des ouvrages de seconde main, qu'il indique exactement, qu'il abrège quelquefois; c'est peut-être une utile compilation; ce n'est pas une œuvre personnelle sur laquelle la Commission ait à se prononcer.

Le numéro 4 a pour titre : *Histoire de Vic-le-Comte et de la comté d'Auvergne*. Le cadre adopté, qui nous reporte à César et à la conquête romaine, est trop vaste, et dépasse de beaucoup les promesses du titre. On aurait pu, sans nuire à Vic-le-Comte, supprimer une dizaine de siècles; on se serait épargné beaucoup d'hypothèses sans fondement, d'étymologies gratuites, de faits controuvés et sans valeur scientifique. Dans la période féodale il y a peu d'investigations personnelles, mais beaucoup de documents sont cités, ou même reproduits intégralement, presque toujours sans indiquer où on les a puisés. On s'est servi principalement des travaux de Baluze et de MM. Imberdis et Bouillet, qu'on ne nomme ni les uns ni les autres. Le style est souvent dramatique, quelquefois déclamatoire, tout à fait contraire au sérieux qu'exige ce genre d'étude. C'est que la science véritable ne s'improvise pas ; elle s'acquiert au prix de longs efforts. Que l'auteur entretienne son goût pour l'histoire, et il prendra, nous en sommes persuadés, une prompte revanche dans de meilleures conditions.

Le numéro 5 est une *Notice sur Jacques de Paroy*, peintre sur verre au xvi° siècle. Inexacte et superficielle, elle manque de style et d'intérêt, et, ce qui est infiniment plus grave, elle reproduit complètement, en essayant de déguiser l'emprunt, l'histoire de la peinture sur verre en Europe de M. Edmond Lévy, écrivain rouennais, sans jamais rien ajouter à cet auteur.

Le numéro 6 est représenté par une notice sur le livre des Évangiles de l'église de Sainte-Croix de Gannat. Si l'on excepte le plagiat, dont elle parait exempte, elle présente à peu près les mêmes défauts. Le texte, souvent incorrect, porte l'empreinte d'une précipitation fâcheuse. Les dessins sont assez mal exécutés ; la description, très-imparfaite, est remplie d'erreurs en archéologie, en diplomatique, en paléographie, en histoire ecclésiastique, et nous montre surtout combien il est difficile à cette époque érudite de toucher à des matières aussi délicates. Les artistes du moyen âge passaient leur vie à relier ou à orner de dessins les livres des églises, et nous sommes obligés de passer nos nuits pour arriver à comprendre leurs travaux. L'évangéliaire de Gannat a une ressemblance évidente avec le bel évangéliaire de N.-D. du Puy.

Le numéro 7, *Vichy historique*, est une œuvre légère, spirituellement écrite, parfaitement accommodée à la curiosité des lecteurs auxquels elle s'adresse, mais qui ne rentre aucunement dans le programme du concours.

Un certain nombre d'autres ouvrages parmi lesquels plusieurs devaient être importants, ont été annoncés, et n'ont pas été reçus ; d'autres, en petit nombre, ont été envoyés, et n'ont paru mériter aucune considération.

MONSIEUR LE RECTEUR,

MESSIEURS,

Vous avez sous les yeux toutes les pièces du concours : vous pouvez apprécier l'excellence du résultat, la fécondité de la pensée qui l'a créé, le redoublement d'activité intellectuelle que nous lui devons. Dans le Velay, l'Auvergne et le Bourbonnais, qui constituent les deux tiers du ressort académique, sans s'être concertés à l'avance, peut-être même sans se connaître, les concurrents se sont comme partagé le pays. M. Chassaing nous initie à l'histoire de la ville du Puy et à une grande partie de celle du Velay ; M. l'abbé Chaix nous transporte avec Sidoine Apollinaire à Clermont et sur les bords du lac d'Aydat ; M. Francisque Méga nous fait assister à l'Assemblée provinciale de la basse Auvergne, aux assemblées d'élection de Riom, d'Issoire et de Saint-Flour, et nous montre dans la noblesse, dans le clergé, et jusque dans le peuple l'élan imprimé aux esprits par la révolution française. Vic-le-Comte et Vichy ont leurs historiens, beaucoup moins sérieux, il est vrai, mais encore intéressants. Avec M. Chazaud, nous suivons la vallée de l'Allier ; le fleuve descend, et la science monte ; nous voyons le Bourbonnais se couvrir de villes franches ; les lettres y fleurissent. Moulins a ses poëtes et ses orateurs. Notre course s'achève ainsi de la manière la plus heureuse : du premier coup le territoire presque tout entier est parcouru, interrogé, souvent avec le plus grand succès.

Que les concurrents dans cette fête académique, tous les concurrents, reçoivent nos remerciments sincères, et que leur exemple inspire dans tous les rangs une émulation généreuse ! Remercions aussi M. le Recteur de l'Académie de Clermont de son accueil gracieux et de son zèle à propager toutes les idées vraiment fécondes ; remercions MM. les membres de la Commission, qui ont apporté tout le soin désirable à un travail souvent épineux, toujours délicat ; et surtout, Messieurs, disons au nouveau chef que l'Empereur nous a donné : Voilà ce que nous avons fait ; voilà les fruits d'un premier concours ! L'œuvre est utile, sérieuse, populaire ; elle est accueillie avec empressement par tous les savants ; le pays compte sur vous pour la continuer.

Après la lecture de ce rapport, écouté avec une faveur marquée, M. le Recteur appelle au bureau M. Augustin Chassaing et lui remet, aux applaudissements de l'Assemblée, le prix de 1.000 francs qu'il a conquis à l'unanimité des suffrages de la Commission. M. le Président termine l'allocution flatteuse qu'il adresse au lauréat par la mention de ce fait que M. Chassaing a été un des brillants élèves du Lycée de Clermont.

Clermont-Ferrand, imprimerie Mont-Louis, libraire.

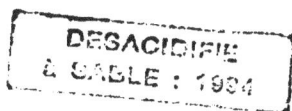

DESACIDIFIE
A SABLE : 1994

www.ingramcontent.com/pod-product-compliance
Lightning Source LLC
Chambersburg PA
CBHW070755280326
41934CB00011B/2933